Adictos al LIKE

Dirigido a padres preocupados por la adicción al móvil de sus hijos, desde 7 a 16 años.

Lorena Rivero Benítez

Adictos al LIKE

Edición: www.triunfacontulibro.com

A mi familia,

por su apoyo incondicional

ÍNDICE

Introducción

"Profe, ¿le puedo contar un problema personal?"

Era un día más en el Centro de Educación, en horario de recreo. Me encontraba realizando una sustitución de dos meses al docente de Tecnología, aún no conocía, a todos los estudiantes del centro donde yo impartía clase.

Una alumna adolescente, a la que había visto en contadas ocasiones, llevaba unos días nerviosa, era disruptiva en clase, no se concentraba y solo estaba pendiente de la actuación de sus compañeros. Uno de esos días, en el recreo, se acercó a mí y me dijo: *"Profe, ¿le puedo contar un problema personal que tengo?"*.

Me sorprendió y me pareció curioso que viniera a contármelo a mí, que casi no me conocía. Yo le contesté: *"Si es tan personal o íntimo, ¿por qué no se los has contado a tus padres, familia o algún amigo o amiga?"*

Ella me respondió: *"A mi madre se lo intento decir, pero rápidamente se lo cuenta a mi abuela y vecinas, y se ríe de mis cosas. No se las toma en serio. Me avergüenza delante de los demás. Amigos, no tengo ninguno* *de verdad. Tengo 375 **en redes sociales**, pero no confío en ninguno de ellos, aunque estoy muchas horas chateando con ellos. Usted es la única persona que me da confianza, ¿se lo puedo contar por favor?".* (Me lo decía entre lágrimas).

Le dije que sí, que intentaría ayudarle.

Ella simplemente se sentía atraída por un compañero de clase. Eran sus primeros sentimientos de amor hacia un amigo. Continuamente llamaba su atención, y él no le hacía caso. Ella no entendía lo que sucedía, tenía emociones que no conocía y se sentía mal con el recha-zo del compañero. Le expliqué que sus emociones eran normales y.... se prolongó la charla durante unos minutos. Finalmente, entendió lo que le ocurría, me dio las gracias y se quedó tranquila y relajada.

En este caso, la niña no tenía a nadie a quien contárselo, se sentía sola y me lo comentó a mí, como docente. Pero a veces recurren a contactos de las redes sociales que se hacer pasar por adolescentes. Es lo que se denomina *Grooming*: la práctica por parte de los adultos, cuando se inventan una identidad para engañar a los menores en las redes sociales.

Otros ejemplos que veremos en el libro, basados en lo que pasan los adolescentes conectados a la red, son los siguientes:

- La ansiedad de los adolescentes si no reciben LIKES.

- La mala gestión emocional con los comentarios de las Redes Sociales.

- Todos quieres trabajar como *influencers*.

- La adicción a los juegos on line.

He notado que después del periodo post pandemia tienen más dudas en el aula de sus problemas emocionales o personales, con situaciones relacionadas con el uso del móvil, que el interés en aprender sobre el uso de la parte técnica de los dispositivos o de la propia asignatura de Tecnología.

Cabe destacar, que los dispositivos móviles están transformando la vida de nuestros jóvenes, cada vez de forma más acentuada. Hace unos años no traían el móvil al instituto. Yo entraba al aula y estaban atentos para el comienzo de la clase.

Pero actualmente, antes de comenzar la clase, empiezo con los comentarios: "guarda el móvil", "apaga la tablet", "si no tienes batería no te va a pasar nada, tranquilo".

Todos reconocen estar cada vez más conectados y ser dependientes del móvil.

En estas situaciones a los padres les surgen las dudas:

¿Cómo lo resuelvo?

¡Qué miedo tengo de darle un móvil a mi hijo adolescente!

¿Cuándo le debo comprar un móvil a mi hijo preadolescente?

Esta es la incertidumbre y angustia que me transmiten los padres. Y es normal, por el desconocimiento del funcionamiento de los dispositivos, ya que todos los días hay nuevos avances tecnológicos.

Es por ello, que en el momento en que un padre o madre tome la decisión de ponerle un dispositivo con conexión a Internet a un menor, debe de ser responsable, formarse y saber cómo orientar y educar a su hijo, en el uso del dispositivo.

Si eres padre o madre de un hijo, con edades comprendidas entre 7 y 16 años, que usa demasiado los dispositivos, este libro es para ti. Te puede ayudar a:

- Mejorar la comunicación con tus hijos.

- Ver situaciones de otros adolescentes, que quizás también le ocurran a tu hijo o hija y les puedan ayudar.

- Limitar el uso del dispositivo, poniendo normas de uso antes de la entrega de un móvil a tus hijos.

- Organiza proyectos con tus hijos, sin móvil, evitando así la adicción al mismo y mejorando la confianza y relación con ellos.

- Crea un momento del día para comunicaros y escucharos, que no solo sea a través de mensajes de voz o de textos.

Me gustaría conseguir transmitirte en este libro que se puede vivir con la tecnología y educar a los hijos adolescentes. No es una etapa fácil, ya que están en procesos de muchos cambios físicos y emocionales, pero sí es posible, ya que todas las personas tenemos la capacidad de adaptación a los cambios.

El motivo que me lleva a escribir este libro es porque como Ingeniera Técnica de Telecomunicaciones, con 20 años de experiencia docente, impartiendo formación para adolescentes, desde clases de apoyo en academias privadas, en Institutos de Educación Secundaria, en Centros de Adultos y en empresas, he observado durante todo este tiempo un cambio abismal de dependencia de los dispositivos móviles, cada vez más extrema entre mis alumnos.

Con este libro, mi objetivo es hacerte llegar como lector mi experiencia como docente en el aula, de alumnos preadolescentes y adolescentes. Situaciones en las que los jóvenes y las familias acuden haciéndome preguntas por el mal uso de los dispositivos por parte de sus hijos.

Con esta información, tendrás de primera mano lo que ocurre en las aulas por parte de la mayoría de los adolescentes. Y con ello, espero que te pueda servir de ayuda para la orientación y educación en el buen uso de los dispositivos tecnológicos de tu hijo adolescente.

Hay que tener en cuenta que el libro habla de casos generales, cada joven tiene una personalidad particular y única. El libro es meramente orientativo.

Capítulo 1:

Cómo escuchar a tus hijos para que no se sientan solos

"Profesora, mis padres no me escuchan".

Los alumnos me suelen decir que sus padres no les escuchan cuando les hablan de tecnología. Directamente les ponen sus normas o límites de manera autoritaria sobre el uso de móvil.

Le dicen lo que tienen que hacer y lo que no deben hacer, sin escucharlos ni comprenderlos. Por lo general les atienden con prisas, porque tienen que ir a trabajar, hacer de comer, ir a comprar... etc. Las frases que me suelen repetir los alumnos sobre la comunicación con sus padres son:

"¡Mis padres no me escuchan!"

"Mis padres se ríen cuando les cuento que mi amigo, no me habla por las redes sociales".

"Mis padres no me toman en serio cuando les digo las cosas que me pasan en las redes, dicen que son tonterías, cosas de críos".

Con los comentarios que me dicen, puedo destacar que demandan hablar con un adulto, de lo que le sucede en las redes sociales y en su día a día.

Que muchas veces se sienten solos o incomprendidos, y no saben a quién recurrir, para que les expliquen lo que les ocurre. En ocasiones, no saben gestionar determinadas situaciones que viven en las redes sociales. Sobre todo, no entienden determinados comentarios o los silencios que les hacen sus contactos, cuando ellos les escriben un mensaje y no les contestan. Es lo que llamamos *Ghosting* de manera coloquial. Significa dejar sin responder un mensaje dejándolo como visto. No contestar.

Las herramientas que utilizo, cuando mis alumnos se dirigen a mí con preguntas sobre tecnología, para tener la mejor información posible y poderlos ayudar y orientar, en concreto de las redes sociales, son las siguientes:

- **Permito** que ellos se expresen cuando quieran, no les obligo. No siempre tienen ganas de participar o de hablar.

- **No me río de sus "jergas"**, o formas de expresarse, como adolescentes que son, siempre que no me falten el respeto. Sí les suelo recordar que ese vocabulario es para utilizarlo con sus amigos, pero no conmigo.

- **No les juzgo** si se han equivocado en algún comentario que han hecho en las redes, pero sí les digo si es adecuado o no. Por ejemplo, no se puede insultar, ni ser insultado. Se debe respetar a los demás, igual que lo hacemos en persona, ya que todos delante de un dispositivo son más sinceros o atrevidos, porque no tienen a la persona delante físicamente.

- **Dedicarles tiempo de calidad.** Cuando algún alumno me habla, lo escucho con atención y dándole la importancia que tiene. Con respeto. Sobre todo, para los jóvenes, que al ser muy tímidos o con falta de habilidades sociales, les cuesta más expresarse y hablar sobre sus conocimientos de tecnología o redes sociales.

- **Paciencia.** Escucho sin prisa lo que me quieren contar, sus dudas sobre tecnología y les respondo con vocabulario adecuado a su edad.

- **Empatía.** Aunque sus dudas suelen ser muy lógicas para un adulto, o sin importancia, para ellos es muy importante. Intento ponerme en su lugar y en el momento que están viviendo.

- **Explicarles lo que les ocurre.** Sobre todo, hablan de las emociones que sienten con lo que ven o leen en redes sociales. Es importante poner nombre a las emociones. Por ejemplo: Si una alumna me comenta que una amiga le ha bloqueado en las redes, es normal que se sienta triste o desilusionada. Me dice que se encuentran mal, pero no sabe reconocerme qué emoción está sintiendo.

Es positivo que los padres les enseñen las emociones que están viviendo para que las reconozcan, ya que cuando hablamos de las TICs, hablamos de la Tecnología de la Información y Comunicación a través de un dispositivo conectado a Internet. Son máquinas que ofrecen mucha información en poco tiempo y el joven no es capaz de gestionar tanta información y emociones a la vez.

La parte más humana, la que no ofrece un dispositivo, es la que me demandan los jóvenes. La empatía, el ser escuchado, el acompañamiento y no sentirse solo cuando le aparecen las dudas sobre lo que ven en Internet.

Los buscadores les ofrecen información, pero no les responden a las dudas que ellos tienen, o no le dan la respuesta adecuada. No les resuelve las incertidumbres que tienen, y no comprenden qué es lo que les pasa por su cabeza.

Como ejemplo, añado a continuación lo que me suelen consultar:

"Profesora, me siento mal, han puesto un comentario de una amiga en la red social sobre mí y lo han visto todos mis contactos".

"Profesora, mi mejor amigo ya no quiere quedar conmigo en el parque, solo hablamos por las redes sociales. Pero yo sí quiero salir".

"Señorita, sé que soy fea, mira las fotos de las influencers".

"Profesora, un amigo me ha dicho que soy gordo en las redes sociales y todos se han reído de mí".

En este punto, escuchar lo que nos dicen es importante, porque puede ser el comienzo de una situación de **ciberacoso,** que es cuando un menor acosa a otro menor a través de las redes, juegos u otros medios digitales.

En un primer momento, por vergüenza, por pertenecer al grupo y pensando que si están callados es mejor, no es fácil que comenten lo que les pasa. Sin embargo, se puede observar cuando está conectados a la red, si su hijo se encuentra ausente, triste o por el contrario alterado. Puede que le esté ocurriendo algo que le inquiete con sus amigos. En ese caso, hay que examinar su actitud.

Este tipo de situaciones en un adulto, normalmente lo sabe gestionar mejor, pero para los jóvenes, suelen ser sus primeras experiencias de amistades a las que le dan gran importancia, de sus primeros amigos.

Estas situaciones son nuevas para ellos y, tanto si son positivas como negativas, si no cumplen con sus expectativas, se frustran y pueden pasar mucho tiempo dándole vueltas a una idea, sin entender lo que ha ocurrido o leído en las redes sociales.

En esos momentos podemos como adultos argumentar desde la experiencia y conocimientos las posibles circunstancias de lo ocurrido.

Orientarlos para que superen la situación y no les afecte tanto en las próximas ocasiones y puedan seguir con sus vidas y rutinas diarias.

En estos casos, les sugiero a los padres que:

- No deben desaprovechar la oportunidad en la que su hijo se acerca a comentarle lo que les ocurre, ya sea en el coche de camino a casa, almorzando... Cada joven es diferente y encuentra su momento de expresarse. En el instituto, hay alumnos que me comentan sus dudas de las redes sociales antes de comenzar la clase, otros que se acercan cuando finalizan, y otros alumnos intentan hablarme en el pasillo o en el patio para que no se enteren el resto de los compañeros. Todos son diferentes. Conoce a tu hijo y acércate en ese momento cuando esté relajado y pueda hablar.

- Escucharlos, permitirles expresarse y orientarlos para normalizar la situación por la que están pasando.

- Darle herramientas, ideas y habilidades que conozcas y puedas hablar en persona de lo ocurrido, con su amigo o amiga sobre la situación y resolver el conflicto.

- Respetar los sentimientos de los demás y dejarse respetar.

- Tomar decisiones finales y avanzar.

- Si el caso es de insultos o consideran que es de **ciberacoso** preguntar a los docentes y profesionales para resolver la situación lo antes posible.

¿Cómo pueden los padres comenzar la conversación? Les pueden ayudar estas preguntas:

- ¿Qué haces? ¿Estás mirando redes sociales?

- ¿Tienes muchos amigos en la red?

- ¿Qué sigues en las redes sociales?

- ¿Sueles poner comentarios o comentar tus publicaciones?

- ¿Necesitas ayuda o tienes alguna duda de lo que ves en las redes?

Siempre, desde el respeto y la paciencia, hacerles sentir cómodos y libres de lo que puedan responder, sin juzgarlos ni culparlos, sino educando.

Capítulo 2:

Ayuda a tu hijo a superar la dependencia a los móviles.

"*¡Qué sueño tengo, he dormido poco!*"

"He dormido poco, me he acostado a las tres de mañana hablando con mis amigos, a través de las redes sociales".

Con esa frase me contestan cada vez más, mis alumnos, cuando a los pocos minutos del comienzo de una clase los veo con los ojos cerrados encima de la mesa.

Muchos de ellos no tienen límites en el uso de dispositivos. Nadie los controla, se van a dormir con el móvil y siguen conectados toda la noche.

Cuando los veo acostados encima de la mesa, les pregunto: *"¿Por qué tienes tanto sueño?".*

Y la mayoría me responde: *"Señorita, en mi casa me dejan usar el móvil todo el día y no me controlan. Mis padres no saben mi tiempo de conexión ni lo que veo. Me llevo el móvil a dormir y se me va el tiempo. No sé cuántas horas he dormido".*

Los padres, al entregarles los dispositivos tecnológicos a sus hijos, son los responsables y los que ponen las normas de uso.

El resto de los familiares o educadores de la vida del joven, asumen esas decisiones, para que resulte óptimo el resultado del buen uso de las tecnologías. Considerando un buen uso, poder seguir haciendo el resto de su vida cotidiana con normalidad.

Sin esas normas, se produce un mal uso de los dispositivos. En este caso, el mal uso es debido a que están demasiadas horas conectados y sin descanso. Además de que no sabemos lo que ven en las redes.

Como hábito, no trae buenas consecuencias a los chicos, ya que no pueden rendir de manera natural al día siguiente en sus estudios ni en el resto de las actividades diarias, y están expuestos al peligro de la red.

Al final del libro, se mostrará en un Anexo, un ejemplo de contrato de uso del móvil firmado por los padres e hijos, para un uso responsable del mismo. Es un acuerdo que pueden usar como referencia, realizado por la Policía Nacional de España. Puedes imprimir e incluso añadir o suprimir algunas de las normas, si lo consideras adecuado, para la educación de tu hijo.

A medida que pasa el tiempo, cada vez que el joven no cumpla las normas, o por si el contrario sí las cumple, sus padres pueden decidir en cambiar y restringir o mejorar esas normas iniciales de usos del dispositivo.

A priori, los jóvenes, por el deseo de tener el móvil acceden con facilidad a las normas, pero con el paso del tiempo, si no hay un control parental detrás, las incumplen y comienzan las diferencias entre padres e hijos.

Si no se cumplen los objetivos propuestos y están demasiado tiempo conectados, es cuando llegan las frustraciones y se darán cuenta de que se ha perdido el tiempo o lleguen otros problemas adictivos de mayor envergadura. Mejor prevenir o evitar los problemas de salud mental que está ocasionando el uso desmedido de la conexión a Internet.

Cuando, por el contrario, hacen un buen uso, hay que reconocerlo verbalmente y si los padres lo consideran premiarlos.

En clase, cuando cumplen con sus objetivos propuestos en el día, en cuanto a hacer las tareas, entregas de trabajos solicitados, o aprobar sus exámenes, les recompenso con una tarea interactiva relacionada con las TICs que les suele gustar.

Intento equilibrar el uso de tareas escritas, trabajos tecnológicos que fabrican ellos y el uso de las TICs. Es por ello, que me solicitan trabajar siempre con las tablet o los dispositivos.

"Yo no tengo Ciber dependencia".

Una mañana, les hice copiar definiciones relacionadas con el mundo digital, y entre esas palabras se encontraba **ciber dependencia**, que es la adicción a los dispositivos, el uso compulsivo a responder, estar permanentemente conectados y que afecta a nuestra vida diaria.

Pregunté en el aula quién consideraba que tenía Ciber dependencia y la mayoría contestaron que no, y el resto de los alumnos se quedaron callados.

Entonces, sonreí y les dije: "Muy bien, si no tienen ciber dependencia, pueden poner todos sus móviles en esta caja y me lo dan durante una hora. La próxima clase, estarán sin el móvil en la mochila".

Una alumna me contestó: *"¡Tome el mío!"*.

Otra alumna también contestó: *"Y el mío. Yo no dependo del móvil"*.

Y así, comenzaron todos a confiarme sus móviles. Les dije que no era obligatorio, solo era para saber cómo se sentirían sin tener el móvil cerca.

Al ser una petición voluntaria, un 10% de los alumnos no me lo entregaron.

"Es voluntario, podéis actuar como queráis. Me lo podéis dar o no", repetí.

Un alumno, que está siempre con el móvil en la mano, me miró, lo metió en la caja y luego dijo: *"No, no, no señorita, no puedo dejar mi móvil"*. Lo sacó de la caja y se lo llevó con él otra vez.

Otra niña me lo entregó, dándole besos y le decía: *"¡Te quiero móvil, te quiero! Señorita cuídalo, ¡que no le pase nada! ¡Que lo quiero!"*.

Al pasar una hora, todos estaban entretenidos en su clase, no se acordaron del móvil. Eso sí, cuando me vieron, todos fueron corriendo a buscarlo y mirar sus notificaciones.

En este caso, considero que el tiempo transcurrido fue muy poco, por eso no llegaron a aburrirse o sentir ansiedad. Además, sabían que estaban cerca de ellos y en cualquier momento se los podía devolver.

La parte positiva que puedo destacar es la manera en la que surgió, les pregunté si eran ciber dependientes y para demostrarme que no, me lo dieron voluntariamente.

En otras ocasiones, les he pedido o quitado obligatoriamente y se oponían, se enfurecían o gritaban violentamente. Debido a que es una norma del centro, se resistían a entregar el móvil en contra de su voluntad.

En esta ocasión, resaltó la buena actitud con la que habían actuado y se habían comportado. Considero que es positivo felicitarles, cuando hacen una buena acción o un buen trabajo en el uso de las tecnologías, para que ellos aprendan lo que está bien y lo que no en el uso de la red.

"En el momento de estudiar, no estar conectados a las redes"

Todos los padres quieren que sus hijos superen el curso escolar, pero para ello, se requiere de un esfuerzo por parte del estudiante. Entregar trabajos, tareas, superar exámenes, entre otras buenas actitudes dentro del aula, como participación, interés y saber estar, cumpliendo las normas del Centro de Educación.

Actualmente, se le propone al alumno estudiar o hacer una tarea en el ordenador de su casa u otras actividades que se tienen que entregar en programas o entornos educativos online.

Los jóvenes, normalmente, en el momento de hacer esas tareas están pendientes de las redes sociales, con el móvil cerca, no se concentran en el trabajo sino en otros juegos o distracciones que les ofrece la red, como consecuencia, pueden suspender el examen o la tarea por no estar enfocados en lo que tienen que hacer.

Todos sabemos que, si los jóvenes están conectados, al oír mensajes, responderlos, ver vídeos, imágenes... etc., al ser una tarea tan sencilla, rápida y gratificante a corto plazo, ven uno, otro y otro... Y cuando se han dado cuenta, no han finalizado los trabajos propuestos para ese día y se plantean las siguientes cuestiones:

¿Cuánto tiempo ha pasado?

¿He estado mucho tiempo conectado?

¡No he terminado con las tareas y los objetivos que tenía propuestos!

¿Suspenderé?

¿Me dejará la profesora entregarle el trabajo otro día?

Esas son algunas de las situaciones que he debatido en clase con los alumnos en alguna sesión sobre el uso de las redes sociales de manera consciente. Y las respuestas suelen ser ***"risas",*** debido a que la mayoría reconoce estar siempre conectados.

Admiten que pierden mucho tiempo conectado a las redes y no dedican el tiempo adecuado a estudiar o hacer otras tareas que se habían propuesto en ese día.

Es positivo que los jóvenes tengan unas normas y horarios de estudio. Que los padres acuerden ese tiempo antes de la entrega del móvil u otros dispositivos que se puedan conectar a Internet y que lo acaten. Si ven que sus padres no cumplen el acuerdo los hijos tampoco lo harán. Ellos están en una etapa de desarrollo, de observación e imitación.

Es recomendable acordar un horario y técnicas de estudio, desde el comienzo del curso.

Por ejemplo:

- **Hacer un horario semanal,** donde se añada su horario de estudio y actividades extraescolares.

- **Tener siempre un mismo lugar en el hogar**, con claridad, tranquilidad y organizado, donde pueda estudiar a diario.

- **Intentar estar en el momento de estudio cerca** por si necesita ayuda. Como que le preguntes por temas que necesitan memorizar para un examen, aportar ideas en sus trabajos u otras necesidades, hasta que cada vez sea más autónomo, independiente y responsable.

- **Observar mientras estudia e interesarse en sus resultados.** Así conocerás las virtudes o carencias que pueda tener en el aprendizaje y ofrecerle apoyo. Quizás le cuesta las materias de ciencia, las de letras o tiene falta de comprensión lectora, entre otras.

- **Que se sienta apoyado y estimulado ante sus estudios,** para poder superar su curso escolar.

Es de ayuda, para el estímulo en el estudio de los jóvenes, recompensarlos con una actividad u objeto material, adaptado a su edad, algo que les haga ilusión. Si consiguen superar un examen, por ejemplo, dejarlos una hora más en el ordenador con su juego favorito.

A mis alumnos los recompenso por el buen comportamiento en el aula con una actividad interactiva en el ordenador, que les suele gustar bastante, en lugar de hacerla en papel.

Pequeños detalles o recompensas también les suele estimular, hacer actividades grupales. Les encanta hacer tareas con sus mejores amigos de clase, en lugar de hacerlas de manera individual.

También les **felicito** cuando hacen un buen trabajo, un buen gesto de compañerismo hacia otros compañeros, una actitud adecuada en un momento de conflicto en el aula, entre otras acciones o valores.

Los alumnos, ante estos gestos de resaltar lo que hacen bien, por ejemplo, el no usar el móvil en clase, me devuelven las gracias, además de un mayor respeto y mejor actitud cada día.

¿Cómo podemos hacerles saber si usan mucho el móvil?

Se me ocurren algunas preguntas que les pueden hacer a sus hijos para que ellos reflexionen y, ustedes como padres, puedan obtener la opinión de estos.

Con sus respuestas, podrán tener una pequeña idea y saber si son conscientes del tiempo que dedican al manejo de redes.

Preguntas	Sí	No	Otra
¿Te llevas el móvil a tus actividades extraescolares?			
¿Respondes siempre al instante a los mensajes?			
¿Das prioridad, terminas la actividad que estás haciendo y luego contestas o respondes rápidamente?			
¿Te conectas a las redes sociales durante el día y la noche?			
¿Has comprobado cuantas horas estás conectado al día?			
¿Estás pendiente si te responden a un mensaje o lo han leído?			
Y en el caso que no te respondan al instante, ¿te pones nervioso o no te molesta?			

Capítulo 3:

Cómo trabaja su autoestima, a pesar de la obsesión por las fotos, vídeos y selfies.

Actualmente, todos hemos observado que una de las aficiones de los jóvenes es hacerse *selfies* y subirlas a la red. Hay adolescentes que se hacen fotos a sí mismos de forma inocente, de la misma manera que se las hacen con sus amigos en la calle, en la playa, en la montaña, etc.

Otros siguen retos, como los que aparecieron hace unos años, los llamados *selfies* **Skywalking**, que son las fotos que se hace una persona en lo alto de un edificio de gran altura o rascacielos. Lugares a los que son difíciles de acceder en las ciudades. Normalmente, con esta acción demuestran su valentía y se retan con otros usuarios o a sí mismos, para superar edificios altos de difícil acceso y de riesgo.

Otro tópico es el de hacerse fotos al natural, como comentan los jóvenes, con la "cara lavada". Recién levantados, sin maquillaje, de la forma más auténtica posible.

Esta es una propuesta de algunos personajes famosos a quienes los adolescentes intentan imitar. Suelen ser personas que siguen en las redes e influyentes en su vida.

Por consiguiente, los jóvenes no saben que esas personas están asesoradas para salir bien en las redes.

Haciendo referencia a este tema, en una ocasión, una de mis alumnas, llegó muy triste a clase, cabizbaja, con los ojos llorosos y le pregunté: "¿Te encuentras bien?".

Y me contestó: *"Señorita, he subido una foto después de levantarme de dormir **con la cara lavada** como hacen las famosas y me han criticado por las redes, me han puesto comentarios de burlas y desagradables. Se han reído de mí. Pensé que sería divertido, pero me he equivocado".*

Ella pensó que era algo positivo, pero terminó siendo una mala experiencia. Evidentemente, subió su imagen sin filtros y con todos los detalles e imperfecciones de la piel, mostrando una piel natural. Al ampliar la imagen, esas imperfecciones se notan más, e incluso se ven de un modo más exagerado.

Por esa causa, hay que tener en consideración que las personas famosas están bien asesoradas, tienen mejores dispositivos y este tipo de imágenes suelen ser estudiadas o realizadas por profesionales, que son editores de fotos en Internet.

Conectados todo el día, viendo fotos

Otra de mis alumnas me dijo que le encantaba estar conectada todo el día viendo fotos: *"Señorita, por las redes me comunico con mis contactos y veo sus fotos, videos, ¡sus vidas! Me encanta, me entero de lo que le sucede a todos las 24 horas del día, y mis contactos también me ven a mí, ya que cuando puedo, estoy conectada en directo".*

Y yo le pregunté: *"¿En directo?"*

Y me contestó: *"Sí, en directo a través de una red social".*

Estamos haciendo un DIRECTO

Cuando están haciendo un directo, sus contactos pueden saber dónde están en ese momento y ver lo que están haciendo en tiempo real.

En una ocasión, vi a un grupo de alumnos conectados en directo en el patio.

Se colocan el móvil frente de ellos y todos sus contactos ven sus caras, sus gestos, movimientos, etc. No tienen intimidad, observan en tiempo real dónde están, con quién, se oye todo lo que hablan. Se exponen en la red a todos sus contactos.

Yo les pregunté: *"¿Pero no sois conscientes de que todos vuestros contactos os están viendo en tiempo real? ¿Puede que alguien se acerque donde estáis y no sea de su agrado?".*

Una alumna contestó: *"Eso me pasó a mí, profesora. Estaba haciendo un directo con una amiga en la playa y a la hora apareció mi exnovio. Fue muy desagradable. Nos levantamos mi amiga y yo, y nos fuimos de la playa".*

Otra alumna contestó: *"Señorita, pues nosotros hicimos un directo para un evento deportivo de baloncesto donde jugamos y queríamos recaudar fondos para el equipo. Vino mucha gente y fue todo un éxito".*

Con estos ejemplos, podemos orientarlos cuándo sí puede hacerse un buen uso de las aplicaciones y cuándo no. Las causas positivas y las consecuencias negativas que pueden tener.

Informar a los jóvenes, sobre este tipo de situaciones, por el motivo de que cada día la exposición de los adolescentes en las redes es mayor y más fácil.

Muestro una vida perfecta en la red

Los jóvenes suelen mostrar los buenos momentos entre amigos, en parejas, en fiestas… La mayoría solo presenta imágenes y vídeos en lo que están felices y no muestran el resto de las situaciones o emociones de su vida. Por lo que parece una vida perfecta, de eterna felicidad.

La **importancia de dirigirnos a nuestros jóvenes por parte de los adultos en estos casos es fundamental**. Saber que todo lo que ven o dicen en ocasiones no es real, existen los montajes. A veces, los videos o imágenes que ven no suceden durante todo el día de un usuario de la red. Pueden ir añadiendo escenas o imágenes de momentos diferentes y que parezcan que son del mismo día. Un día perfecto e ideal.

Como ejemplo, con respecto a lo que ven y creen en clase, les suelo poner una imagen. Les digo que es una pintura de una *influencer* y les pregunto:

¿Dónde piensan que se encontraba la *influencer* cuando le hicieron el retrato

Imagen creada por Lala Benítez Cruz

Y las respuestas suelen ser las siguientes:

- *La influencer está en un hotel de lujo, con playa privada.*

- *La influencer está en el Caribe.*

- *La influencer está en una playa desierta.*

Y la respuesta correcta es:

¡No lo sabemos!

Con lo que vemos en la imagen tenemos muy poca información.

Con esta práctica, les oriento a que no se pueden creer todo lo que ven o les dicen con tan poca información. Tienen que investigar y estar seguros de que es real antes de dar una respuesta adecuada o de afirmar lo que ven en las redes.

Y esto ocurre con las fotos que ven de sus amigos, de sus artistas o deportistas favoritos, etc.

Los jóvenes se frustran comparando su vida real, la del día a día, con la de sus contactos en las redes. Ahí es donde hay que destacar, sobre todo en los preadolescentes que comienzan su primer contacto con los dispositivos tecnológicos, que no todo lo que ven es real o lo que ellos pueden pensar.

"El móvil me ayuda a integrarme en un grupo, soy muy tímido"

Uno de mis alumnos me comentó:

"Señorita, yo hablo más con mis amigas por las redes sociales cuando llego a mi casa que en el instituto, muchas veces me da vergüenza hablar con ellas cara a cara, soy muy tímido".

Se podría decir que, si miras el móvil de un joven, lo podrías conocer mejor aún su personalidad. Como por ejemplo este alumno que es tímido en la vida real, pero a través de las redes se comunica libremente.

Parece que no tiene amigas y luego, mediante los grupos que ofrecen determinadas aplicaciones sociales, conoce gente.

En general, varios de los alumnos, bien sea por un motivo físico, personal, cultural, etc., suelen tener problemas de autoestima. Y ven las redes sociales como el lugar para socializar más fácilmente.

Según la RAE:

La **Autoestima** *es la valoración generalmente positiva de sí mismo.*

Hay que mantener la autoestima de los jóvenes: que se acepten, se respeten, se valoren y no se comparen con los demás en las redes sociales.

En una ocasión una madre me comentó: "*Mi hijo subía fotos a la red y parecía otra persona*".

Me explicó que su hijo solía hacerse fotos de su cara, "un *selfie*" y comenzaba a aplicarle los filtros que ofrece la propia aplicación de la red social. Al hacerlo, finalmente se quedaba con la piel sin granitos, los ojos más grandes y brillantes, incluso le cambiaba el tono de los ojos, hasta que un día le dijo: "*¿Pero no te das cuenta de que ese no eres tú? El resto de las personas, tus amigos y contactos de la red, saben que tú tienes otro tono de piel y que tus ojos son marrones y no eres el de la foto. ¡Hijo! Tú eres perfecto como has nacido, no por tener otro color de ojos eres menos persona. **Deja que vean tu color de ojos, ¡tus ojos son preciosos!**".*

En este caso, a la madre le funcionó, resaltaba los valores de su hijo y le hizo quererse cada día más, reflexionar y no compararse con los demás y desear lo que otros tienen.

Son actos que, si es de modo anecdótico o puntual, no pasa nada, pero si es porque no se aceptan, es cuando hay que trabajarles la autoestima.

He observado en el aula que los alumnos que suelen tener mejor autoestima son:

Los que la familia lo valoran tal y como son. Lo suelen comentar en clase. "Mi padre me dijo que no importan mis pecas, que es parte de mí personalidad".

- **Dejarse respetar por los compañeros y respetar a los demás.** Cuando algún compañero le insulta, le responde rápidamente, haciendo que le respete. Y no suele ser un alumno al que le falten el respeto en clase.

- **Los que hacen deporte o actividades extraescolares.** Comentan en clase que hacen kárate, baile, natación..., entre otros, y hablan orgullosos de sus compañeros de equipos o competiciones. Les enseña valores, trabajo en equipo, compañerismo y deportividad, con respecto a los equipos contrarios.

- **Los que comparten tiempo con amigos en el aula o fuera de ella.** Organizan encuentros o salidas entre compañeros propios de su edad. Tienen momentos de ocio.

Como sugerencia:

Hacerles ver sus cualidades y destacarlas.

Eviten las comparaciones con los demás. Todos somos diferentes.

Aprender de los errores. Que conozcan que es un aprendizaje más para sus vidas.

Motivarlos para que hagan nuevas actividades y retos, y así se van conociendo y valorando con los logros conseguidos.

Capítulo 4:

¿Qué hacemos con la dependencia de los LIKES?

"Profesora, yo consigo LIKES, llamando la atención de mis contactos a través de los retos virales".

"Me encantan los retos virales"

Los jóvenes me comentan que los retos virales son divertidos, lo hacen en grupo, pueden mostrar sus habilidades y se lo enseñan a sus seguidores, pero hay que ser conscientes de que no todos estos retos son inocuos.

Existen retos virales inofensivos, incluso hasta divertidos, como hacer una coreografía de baile sencilla, solo o en grupo, donde lo suelen repetir si lo consiguen, para obtener ese momento de felicidad una y otra vez.

Pero también existen retos virales peligrosos para la integridad física del adolescente.

Informar del peligro de este tipo de acciones a los adolescentes y decirles que, aunque lo animen no lo hagan, ni acompañados por amigos, ni solos en casa.

En ocasiones los alumnos me dicen que los hacen todos los de su grupo y es como si fuera una obligación para poder ser aceptado.

En clase les he preguntado: *"¿Por qué creen que los adolescentes hacen los retos virales?"*. Y contestan: *"Para ser aceptados por los amigos y para recibir "LIKES" ellos también"*.

Les contesto que no es necesario demostrarle a los demás que son capaces de todo, que son actos peligrosos y no tienen por qué poner en riesgo su salud o su integridad física.

Existen retos virales como, por ejemplo, el de hacerse una marca en la cara. Se tienen que pellizcar hasta que les salga sangre, creándose cicatrices y marcas para siempre en el rostro.

En otra ocasión, comenzaba una de las clases, cuando al mirar a mi alumno sentado en la primera fila, lo noto mirando hacia el exterior del aula por la ventana, con una mirada ausente, pensativo, triste. Me encontraba en una clase de 1º de la ESO. Le pregunté si se encontraba bien y no me respondió, bajó la mirada.

Sus compañeros me respondieron de inmediato: *"Profesora, deje al compañero hoy. Se encuentra mal porque nadie le ha dado "LIKES" a las fotos que subió ayer en sus redes. Y no lo entiende porque es el que más seguidores tiene de la clase"*.

En ese caso, el alumno me respondió: *"No pasa nada, profesora. Yo atenderé y haré las tareas"*. Y así lo hizo.

Al final de la clase, charlamos y me dijo estaba frustrado, preocupado. Él pensaba:

"¿Se habría caído la red? ¿Por qué no les gustó a sus seguidores? No entiendo nada. ¿Por qué nadie le ha dado al LIKE?".

Como docente, me preocupa ver a mis alumnos tan jóvenes y dominados por las redes, por lo que piensen los demás de ellos, por perder el protagonismo de la clase.

Emocionalmente les afecta que sus amigos de la red, muchos de ellos son compañeros de clase y otros ni los conocen, le dan "Me gusta" en sus imágenes.

Eso les da seguridad, pertenecer al grupo, ser importante, y les mantiene la autoestima alta. Son felices durante un instante muy corto de tiempo, porque en unos minutos ya piensan en la próxima imagen y así constantemente. Nunca están completos, satisfechos o saciados. Este tiempo en el que ya están pensado en subir otro vídeo o imagen, le hace adictos a esta acción. Subir vídeos o fotos y esperar la aprobación de los demás.

Pero cuando no les dan al "like", pasa todo lo contrario. Cuando no reciben el reconocimiento deseado, un número mínimo de "likes" al que están acostumbrados, sienten que algo están haciendo mal; por no decir cuando hacen comentarios a seguidores que ni conocen personalmente. El dolor y tristeza que pueden sufrir no es una actitud normal ni propia para su edad. Como cualquier otra adicción, esta actitud puede ser el comienzo de una de ellas, el poner su personalidad, valor y autoestima en manos de los demás usuarios y la cantidad de "likes".

"En clase les he preguntado que expliquen el significado de los LIKES"

¿Por qué le das LIKES a una foto o vídeo?

Cuando lo he preguntado, mis alumnos me responden:

- *Porque sí.*

- *Porque les gustaba a mis compañeros y entonces yo también le doy al LIKE.*

- *Porque está de moda y hay que darle al LIKE.*

- *Porque todo el mundo lo sigue y así aparezco como seguidor.*

- *Pues no lo sé. Lo hacen todos y yo lo hago.*

Ninguno me argumenta un criterio u opinión con un buen argumento. No son críticos con lo que ven o hacen. Se dejan llevar y no saben por qué. Sin embargo, para el que los recibe le afecta muchísimo emocionalmente.

Según las respuestas de los alumnos en clase, tenemos:

Si la respuesta es positiva con un "LIKE", ¿qué piensas?

- *Es normal que le den me gusta, soy el mejor.*

- *Sé que influyo en sus vidas.*

- *Todo lo que hago o digo es lo mejor y diferente a los demás.*

Pero como todo en las redes es tan rápido, esta felicidad es efímera y ya tienen que seguir poniendo otra cosa para crear otra vez felicidad, esto lleva a una conducta adictiva y con cambios de emociones muy rápidos.

Si la respuesta es negativa y no le dan al "LIKE", ¿qué piensas?

- *¿Por qué no me siguen?*

- *¿Por qué me abandonan mis seguidores?*

- *¿Qué habré hecho mal?*

- *Me siento culpable, si hice o dije algo malo.*

- *¿Son malos?*

- *¿No me quieren ya?*

- *¿A quién seguirán ahora?*

A los adolescentes que están pendientes de la cantidad de LIKES que tienen, hay que decirles que deben aceptar que puede gustar o no, como a él, que le gustan unas cosas y otras no. Ser libres en opinar y respetar la opinión de los demás.

Desarrollar el pensamiento crítico a través de charlas con sus padres, profesores y amigos. Opinando sobre comentarios, fotos o demás cosas que pueden ver en la red, para que puedan tener diferentes perspectivas.

Estar pendiente de las opiniones de los demás, no conocerse y no tener su propia opinión, es lo que puede afectar a un buen desarrollo de los adolescentes.

Hay que ser conscientes de que se encuentran en una etapa de desarrollo donde cambian física y emocionalmente; asimismo cambia su aspecto en la forma de vestir, de expresarse... Todos estos cambios les pueden agobiar, si además, están pendientes no solo de ser aceptados en la vida real sino también en la virtual, es lo que les lleva a padecer ansiedad o depresión a nuestros jóvenes actuales.

Como idea, para evitar este tipo de situaciones, hay que enseñarles a ser críticos, desarrollar su propia personalidad, opiniones y gustos.

Además de enseñarles a cuestionarse: ¿Por qué le doy al "Like"?

- Le doy al LIKE porque considero que...

- No le doy al LIKE porque considero que...

Capítulo 5:

Cómo ayudarles para decir NO y aceptar un NO

"Si no hago el reto viral, mi amiga dice que no me hablará más"

Sus amigos de verdad no le obligarán a hacer cosas que ellos no quieren hacer.

Hay que saber decir que NO a lo que no quieren hacer. Poner límites. Deben respetar a los demás y que respeten sus decisiones, como en este caso, de retos virales, que son juegos voluntarios. No hacer cosas en contra de su voluntad.

Educar a los adolescentes a decir No y con argumento:

- *No, porque no me gusta.*

- *No porque no me apetece ahora mismo.*

- *A mí no me divierte ese reto.*

- *Yo respeto tu decisión, respeta la mía.*

Hay que darles capacidad crítica y de decisión.

Si no quieren hacer o decir cosas para exponerlas en Internet, es lo mismo que si no quieren jugar al fútbol con sus amigos un día determinado o no quieren comer chucherías. Si no lo quieren hacer, tienen el derecho a no hacerlo. Enseñarles a ser honestos y saber expresarse de manera asertiva, sin dañar a los demás.

Deben aprender a preguntarse:

- *¿Por qué hago esto?*

- *¿Para qué hago esto?*

- *¿Estoy seguro de lo que voy a hacer o decir?*

- *¿Le haré daño a mi compañero?*

Ser lo más críticos posibles y no seguir a los demás sin tener una opinión propia.

Tienen que desarrollar su personalidad, respetar las opiniones de los demás y que les respeten las suyas, todas son válidas y de todos aprendemos. Siempre sin insultar, sin faltarnos el respeto.

Eso sé que sería lo ideal, la realidad diferente. Lo que no se dicen en clase, luego se lo dicen en las redes. Creen que son dos mundos diferentes, el real y el virtual, y tienen que saber que es lo mismo. Hacen el mismo efecto tanto si hablan en persona o por las redes, como si se dice algo positivo como negativo.

Por eso es bueno hacer hincapié en la educación desde una edad muy temprana y a lo largo de su desarrollo, ya que en esta etapa con tanto cambio dudan bastante o se dejan llevar por las opiniones de los demás.

Enseñarles la importancia de parar un minuto, saber si lo que van a hacer o decir está bien o no.

Como padres, darles ejemplo, y atenderlos cuando tienen alguna duda o necesitan expresarse, es mejor que decirles algo con prisas y sin sentido.

¡Comunicarnos, entendernos y educar sin prisas!

Además, desde la atención que le ofrecemos ellos tienden a imitar, se tranquilizan y analizan lo que están haciendo para hacerlo con conciencia.

Por eso los docentes y padres somos sus referentes y ellos nos imitarán en estas situaciones de tomar decisiones, ya que los adolescentes tienden a responder lo primero que se les pasa por la cabeza de manera impulsiva.

Decir siempre que SÍ

Observo que muchos niños suelen decir SÍ a todo lo que le piden sus compañeros.

- *Sí, te dejo mi móvil cuando quieras.*

- *Sí, te dejo mi tablet de clase.*

- *Sí, hago el reto viral contigo.*

El decir siempre que SÍ, es un acto de generosidad y este acto se valora como persona. Y crea aceptación por parte de los amigos de clase. Te integran en el grupo, porque hacen siempre lo que quieren los demás.

Pero cuando a todo lo que le piden dice que sí, no es tan positivo, porque dejan de ser ellos mismos para agradar a los demás, evitar conflictos y ser aceptados en el grupo.

Este acto, a medida de ir creciendo y desarrollándose, producirá que haga siempre lo que le pidan los demás, sus amigos, compañeros de trabajo en el futuro o parejas, y pueden terminar con personas dominantes y dejar de ser ellos mismos.

Con el contacto con las tecnologías y todo lo que esta les ofrece, también dirán que sí a lo que le pidan sus amigos, como enviar imágenes o hacer actos que saben que están mal y que no quieren, pero no saben decir que NO, ceden a todo aquello que le ofrecen.

En una ocasión sucedió que insultaron a una alumna por las redes sociales otras dos compañeras de la clase. Vamos a suponer que se llamaban Ana, Eva y Lucía.

Lucía tenía miopía y se había comprado unas gafas nuevas. El día que se las compró, subió una foto a las redes con ellas puestas y dos compañeras de la clase hicieron burla de ella.

En este caso, Ana dijo que eran muy feas y le dijo a Eva que la apoyara en el comentario.

Los padres de Lucía, al ver a su hija llorando, que no quería ir a clase con las gafas porque sus compañeras se habían reído de ella, les comentaron a los profesores lo ocurrido.

Ana, al comentar lo ocurrido a sus padres, confesó: *"Sí, yo le escribí que las gafas le quedaban mal, que estaba muy fea".*

Eva, la otra alumna, que lo hizo porque su amiga Ana le dijo que participara: *"Ana me dijo que la apoyara y le dijera que era fea".*

La alumna Eva, arrepentida, pidió perdón, dijo que no lo volvería a hacer, que era consciente de que estaba mal, pero lo hizo por no defraudar a su amiga Ana.

No sabe decirle que NO a nada de las ideas o retos de su mejor amiga

Enséñales a pensar, parar un minuto antes de actuar o escribir por las redes y valorar cuando deben decir que SÍ o que NO antes de hacer un acto o reto viral.

Saber expresar cómo se sienten. Es una forma que podemos hacer los docentes o padres, argumentando por qué Sí se hace una actividad o por qué NO, para que ellos reconozcan sus emociones y valores, aprendan a expresar las suyas.

Aceptar un NO

Un día una de mis alumnas me dijo: *"Seño, siempre que le digo que quiero usar el móvil para hacer una actividad me dice que NO".*

Yo le contesté: *"En ocasiones te he dicho que no porque lo puedes hacer con los apuntes de clase, pero cuando no es posible, SÍ te he dejado usarlo. ¿No crees que en ocasiones SÍ te he dejado usarlo?".*

Ella me respondió: *"Sí señorita, lo que yo quiero es usarlo siempre. Me resulta más fácil utilizar el móvil que los apuntes del libro".*

En este caso, no le gustaba que le dijera que no usara el móvil porque ella quería su propia finalidad. Cuando le di mi argumento, de una manera tranquila y con lo que había ocurrido en la realidad, se tranquilizó y reconoció que no SIEMPRE, era un No.

Ellos interpretan los comentarios según sus propios intereses.

En otra ocasión un alumno me dijo: *"Señorita, ¿habló ayer con mi padre sobre mi actitud en clase?".*

Yo le contesté que no tuve la oportunidad de coincidir con él.

Entonces el alumno me respondió: *"Es que mi padre después de la reunión con los profesores me ha prohibido el móvil. Me ha dicho que todos ellos han hablado mal de mi comportamiento en el aula. ¡Todos los profesores señorita! ¡Y ahora no tengo móvil!".*

Ese día vino muy enfadado a clase y en ese momento le dije que se tranquilizara.

Después de charlar sobre su actitud y que podía mejorar, lo entendió. Comprendió la actitud de su padre y por qué NO le dejaba el móvil.

Normalmente, a mis alumnos les doy argumentos para que entiendan lo que les ocurre con vocabulario y situaciones que ellos entiendan, dentro de su entorno y sus vivencias. Con situaciones que viven en el día a día o su manera de expresarse.

Hay que argumentar las normas para que entiendan los límites.

Podemos destacar en este diálogo, que el alumno comienza criticando a su padre, juzgando el comentario, pero debe comenzar por preguntarle cómo se siente él. Desde el "yo" me siento mal... por esto y por lo otro.

Enseñarles primero a expresar su sentimiento y luego argumentar por qué se sienten así.

Por ejemplo: *"Me sentí mal, con lo que me dijo mi padre porque no siempre me comporto mal". Creo que solo me comporto mal con un profesor, pero no con todos".*

Comenzar a expresarse desde el "yo" me siento, expresando sus sentimientos, antes de juzgar a los demás, para que aprendan a ser más asertivos y comprendidos. Sin atacar antes de entenderte y entender al otro.

Orientarlos en las cosas que son negociables y cuáles no. Por ejemplo, en el aula hay una serie de normas que todos debemos cumplir para poder convivir durante el periodo de formación, además de unas normas de uso del móvil.

Lo mismo puede ocurrir en sus casas o en el futuro trabajo.

Ese tipo de normas, deben distinguirlas de las que pueden ser negociables y cuáles no. Deben tener conocimiento de las que tienen consecuencias.

A veces actúan con un enfrentamiento, gritando, pero hay que tener paciencia y mantenerse con la misma idea si el adulto lo considera.

En un Centro Educativo, tuve a un alumno que quería salir al recreo antes de tiempo y con el móvil. Yo le dije muy tranquila: *"Por favor, siéntate que aún no ha finalizado la clase, no ha tocado el timbre y, además, NO puedes sacar el móvil de la mochila"*.

El alumno me dijo: *"¿Cómo que el móvil NO? ¡El móvil SÍ!"*.

Yo le respondí: *"Sabes que el móvil NO se puede"*.

El alumno me gritó: *"¡El móvil Sí y me voy ya para el patio!"*.

Yo le respondí: *"Te estoy hablando con respeto y educación. Me gustaría recibir lo mismo por tu parte. Por favor, espera unos minutos hasta que sea la hora y guarda el móvil"*.

Entonces el alumno, me apartó hacia un lado y salió corriendo del aula.

Yo, tranquilamente, le comenté que como sabía, tenía la consecuencia de una falta de respeto hacia las normas y a mí como docente. Yo solo le ofrecía respeto y quería lo mismo por su parte.

Unos días después, la situación se repitió, pero más calmado y esta vez sin el móvil: *"Señorita, ¿puedo salir ya?"*.

La respuesta fue la misma: *"Aún no es la hora"*. Y con expresión de enfado, esperó. Pero gestionó mejor la negativa a la salida.

Con esto quiero decir que no siempre es fácil, pero si les demostramos paciencia y respeto, ellos suelen responder bien después de la reflexión.

Enseñarles a decir NO cuando:

- Ellos sienten que no quieren hacer algo o no les parece correcto. Decir que NO, argumentando sus pensamientos, desde sus valores y con respeto hacia los demás.

- Aceptando las opiniones del resto de sus amigos, aunque ellos no la compartan.

- Explicarles las normas y consecuencias cuando hacen acciones que no son correctas o peligrosas, como los retos virales, hacer críticas en las redes ofendiendo a compañeros, etc.

Aceptar un NO cuando:

- No le corresponden sus amigos con sus deseos de hacer una determinada actividad.

- Respetar las opiniones del resto de sus amigos.

- Sugerir otras acciones o actividades si es posible.

Capítulo 6:

Mi hijo quiere ser influencer ¿Qué hago?

Cuando los adolescentes siguen a un *influencer*, ven imágenes y vídeos de sus ídolos millonarios, hombres y mujeres perfectos, se dan cuenta de que se aleja mucho de su realidad, del día a día de los jóvenes. Esa situación les frustra a algunos y les llena de ilusiones y expectativas para su futuro a otros.

Hay que educarlos a que no crean todo lo que ven en la red, ya que esas imágenes, vídeos o vidas que se muestran a través de la red, pueden estar manipuladas y modificadas con aplicaciones informáticas.

En esos vídeos e imágenes se pueden añadir y quitar paisajes u objetos para que parezca que se encuentran en un lugar lleno de privilegios, pero quizás la realidad es que fueron hechas en otro lugar. Quizás en su propia casa y luego le cambiaron el fondo.

Por otro lado, la cantidad de información recibida cada vez es mayor, debido a que existen algoritmos que captan las búsquedas del usuario y les invade una y otra vez con los mismos temas, haciendo que el joven se crea cada vez más lo que ve, creando así esperanzas y modos de vidas que solo alcanzan muy pocos. No digo que sea imposible de tener, pero sí que no es fácil ni lo más común.

Hablar con los jóvenes de manera pausada, tener charlas sobre lo que ellos ven en su presente y lo que esperan en su futuro.

Los adultos son responsables de su educación para ayudarlos en su desarrollo y hablarles de un modo realista, con las ventajas y desventajas de estas profesiones.

Con esta motivación por parte de los jóvenes, un alumno me dijo una mañana: *"Profesora, yo no voy a estudiar, no me esfuerzo más, seré influencer y seré millonario".*

Cada vez escucho más estás reflexiones de mis alumnos. No es que no puedan ser *influencer*, sino que existe trabajo y esfuerzo detrás para poder conseguir ese nivel de vida.

Detrás del estilo de vida de los *influencers* con mayor éxito hay muchos seguidores, personas que ven sus vídeos, empresas con las que hacen negocios. No deja de ser una profesión, un trabajo y requiere su esfuerzo, algo que puede decidir cuando sean adultos, como cualquier otra profesión. Pero que sean conscientes de que no es tan fácil ni sencillo como ellos creen.

Hay que estar preparados, saber lo que se quiere decir y ofrecer contenido diario para influir en sus seguidores. Tiene que estar formado y actualizado del tema que va a desarrollar en la red., además de tener mucho que ofrecer, ya que la demanda es constante y cada vez más exigente.

A veces piensan que, con subir unos vídeos, y conseguir cada vez más seguidores será suficientes. El esfuerzo de esta profesión, como cualquier otra, tiene mucho trabajo detrás.

Para evitar este tipo de obsesión en subir fotos, vídeos y conseguir más seguidores, se debe poner límites al usar las redes sociales. Acción que sería conveniente desde el primer momento que se le entrega un dispositivo a un hijo. Son jóvenes y necesitan el desarrollo y actividades correspondientes a su edad.

En una ocasión, una madre me dijo que entendía los malos resultados de su hijo, porque está las 24 horas haciendo videos y fotos para sus seguidores: *"Es que me hijo tiene muchos seguidores, creo que puede ser un buen influencer, hacerse famoso y así tendremos una buena economía en casa, aunque ya empieza a quejarse de dolores de espalda por estar siempre conectado"*.

En este caso, me impactó. Pero no es la primera madre o padre que fomenta sus deseos en sus hijos que quieren que sean jugadores de fútbol profesional, modelos, cantantes, etc.

Desde mi opinión, si un joven ya ve clara su vocación profesional, desde los responsables del menor, no tiene por qué estar las 24 horas del día aprendiendo esa profesión.

Por ejemplo: Si decide ser cocinero como profesión cuando sea mayor, no se pasa las 24 horas del día cocinando. Ni deja de dormir, estudiar, asearse, relacionarse con sus amigos o hacer el resto de las cosas vitales para el desarrollo sano de unos adolescentes.

Hará algunas recetas el tiempo que sus padres vean oportunas, para que investigue, sea creativo y desarrolle sus habilidades. Las horas que sus padres consideren, igual que para el uso de los dispositivos o resto de actividades.

Los adolescentes deben saber que no todo lo que muestran los *influencers* es real. Cuando muestran ese día idílico de compras muy caras o comidas en restaurantes y estancias en hoteles de lujo, en muchas de esas acciones está detrás el *marketing* digital, donde las empresas ofrecen, alquilan, prestan esos servicios para hacer publicidad. No es que todos los *influencers* tengan ese poder adquisitivo y sean todos millonarios.

Por otro lado, existe la manipulación de imágenes. Una de las tareas que les propongo a mis alumnos de la ESO se basa en hacer Photoshop con programas de imágenes.

Un ejemplo es la cara de una chica con manchas, la convertimos en una mujer maquillada con piel perfecta. Con respecto al fondo, lo cambiamos, añadimos uno diferente en el que se encuentra en la imagen original. En vez de estar en un restaurante, le ponemos el fondo de una playa, montaña o un lugar con monumentos famosos del mundo como la Torre Eiffel en París, entre otros.

Otra de las prácticas es poner fotos de dos chicos o dos chicas, eliminamos a uno de ellos y le ponemos un famoso al lado.

Son montajes de imágenes, que hacen ellos mismos, para que sean conscientes de que todo lo que ven en Internet no es real. Puede ser cierto o no.

Como recomendación:

Explicarles a los hijos que es un trabajo como cualquier otro. Que no es tan sencillo.

Que la vida de lujo que ven ellos en las pantallas, vídeos e imágenes, no siempre se corresponde con la realidad.

Recordarles que deben seguir estudiando, aprendiendo, y conociendo todas las oportunidades laborales que existen y poder elegir lo que les gusta y lo que no les gusta. Son jóvenes y tienen poca experiencia o conocimientos como para tomar una decisión a tan temprana edad.

Capítulo 7:

¿Y si tiene más de un perfil en las redes?

¿Cuántos perfiles puede tener un usuario en una RRSS? Más de un perfil. Es por ello por lo que muchos de los jóvenes tienen varios en las redes sociales, uno que conocen sus padres y otros que no, donde cambian las fotos, se inventan la edad, ponen otra vida o personalidad que no es la suya, para poder acceder a determinadas cuentas o grupos.

No significa que esta acción tenga que ser negativa. Los adolescentes se están desarrollando, descubriendo de niño hacia el adulto que serán, creando su propia personalidad, y quizás le da vergüenza decir en su familia que tiene determinados hobbies o que tiene gustos que tal vez no se sientan apoyados por los valores o principios que ve en su entorno familiar, de amigos o en el centro educativo donde estudian.

Para conocer adonde acceden tus hijos, es recomendable utilizar las aplicaciones de control parental donde se limita el acceso a determinadas páginas web.

Antes de entregarles un dispositivo con acceso a Internet a los adolescentes, es recomendable que se asesoren por un profesional sobre el control parental.

Hacer un seguimiento y cumplir lo acordado de un modo continuado en el tiempo.

Normalmente no se ven cómo evolucionan sus conductas con sus nuevos contactos en las redes, subir fotos en sus perfiles, obsesión con los LIKES, y demás acceso a internet, hasta pasado un largo periodo de tiempo.

Por ese motivo, es positivo seguir las normas aceptadas desde el momento en que se le entrega el dispositivo al joven y hacer que se cumplan, ya que, si se quedan durante horas conectados, a largo plazo puede repercutir negativamente.

En una reunión de padres y profesores me comentó una madre: "*Le he comprado un móvil a mi hijo, pero yo entiendo que usted como docente de Tecnología le enseñará el uso adecuado para que mi hijo no haga nada malo*".

A lo que respondí: "*Las normas del uso del dispositivo móvil, mientras sea menor de edad, se las tienen que dar los padres, son los responsables que le compran el dispositivo. En Tecnología no solo enseñamos el buen uso de los dispositivos, además damos charlas y les orientamos, pero no les ponemos las normas de uso*".

Tienen un perfil en el que suben las fotos o videos que se esperan de él y otro perfil que suele ser más íntimo, de un grupo pequeño de seguidores donde sube las fotos más retocadas, cómo les gustaría ser o haciendo más bromas, donde no se sientan juzgados, solo compartidas con los amigos de la red, donde se sienten comprendidos y que entiendan su forma de ser.

Están en un momento vital donde quieren estar más separados de sus padres y compartir más tiempo con sus amigos o nuevos grupos donde se sienten identificados.

Los adolescentes están en pleno desarrollo personal, son menos conscientes de los peligros y les atrae lo desconocido, lo novedoso para ellos, y a veces hacen cosas inadecuadas sin saber sus consecuencias.

Actualmente existe el Finstagram, es donde se hacen otro perfil que desconocen sus padres. En este caso no es fácil hacerles el seguimiento, ya que pueden usar otro nombre.

Te cuento uno de los casos con una alumna del centro de educación. Me dijo que ella no tenía claro si quería ser hombre o mujer. Y por eso tenía un perfil en las redes de chica y otro de chico.

Otro caso en que tenía más de una cuenta es el que explico a continuación:

Una alumna me comentó una vez en clase: *"Señorita, donde me siento yo misma es con el perfil que tengo en mi red de Finstagram. Ya que, en mi casa, no sé para qué hablo si mi opinión no es válida. A veces soy muy niña y otras sí soy lo suficientemente adulta. No tienen en cuenta mi opinión. Por eso no hablo, me encuentro mejor con el móvil. En el perfil que mis padres no conocen soy yo misma".*

Hay que darle su lugar en el hogar, que participen como otro miembro de la familia adaptado a su edad.

En clase, aplico la atención a la diversidad de cada alumno. Dónde pueden llegar en el desarrollo de sus actividades, los que requieren de más ayuda, los que necesitan participar cada día o los que participan menos por su personalidad. Intento que todos se sientan integrados y cómodos, y consigan ser ellos mismos en todo momento.

¡Que se sientan aceptados siendo ellos mismos!

Los siguientes tipos de preguntas les puede servir de ayuda a los padres, para saber hasta dónde llega el conocimiento de sus hijos en las redes:

- Preguntarles si saben que es el Finstagram.

- Preguntarles si ellos lo usan y por qué.

- Fomentarles la importancia de ser ellos mismos, decir la verdad y no esconderse detrás de las redes.

- Mostrar confianza, respeto y aceptarlos tal y como son.

- No juzgarlos o culparlos, dejar que se expresen.

Capítulo 8:

Cómo evitar la adicción a las pantallas digitales

"Mi hijo no me escucha"

"¿Qué le pasa, antes me lo contaba todo? ¿Si era muy bueno? Ahora, cuándo me habla, no lo entiendo".

La entrada al mundo digital ha sido rápida para las personas que no han nacido en la era digital. Lo normal hubiese sido una entrada de manera más pausada y progresiva, pero no ha sido así. El cambio en la educación, empresarial y social, ha sido y es cada vez más rápido digitalmente hablando.

Los padres y profesores nos vemos obligados a dominar los recursos digitales y luego ir enseñando a los adolescentes. Si somos analfabetos digitalmente, se produce el efecto contrario. El niño dominará a los padres y educadores, por el desconocimiento de estos, sin saber lo que pueden ver, hacer o experimentar por Internet.

Además de aprender como personas responsables y adultas para transmitírselo a nuestros adolescentes, debemos dar ejemplo a nuestros jóvenes y no estar constantemente entre pantallas.

Cuando menciono las pantallas, no hago referencia solo a los dispositivos móviles y ordenadores, sino que una vez que dejan las máquinas van a ver películas o series de televisión.

O todo a la vez, viendo la tv y conectados al móvil o al ordenador.

Es lo que podemos decir como niños pegados a las pantallas. La Academia Americana de Pediatría, recomienda un horario de horas determinado para cada edad.

- 0 – 2 años: Nada de pantallas.

- 2 – 5 años: Entre media y una hora al día.

- 7 – 12 años: Una hora con un adulto delante. Nunca en horas de comida.

- 12 – 15 años: Una hora y media. Mucho cuidado con las redes sociales.

- + de 16 años: Dos horas. Los dormitorios no deben tener pantallas.

Los adolescentes que tienen demasiado tiempo libre, sin horario o disciplinas, están deseando conectar con el exterior por medio de la red de Internet.

Conectándose con cualquier dispositivo ordenador, móvil o tablet consiguen abstraerse de la realidad y adentrarse en mundo virtual, escuchando música, películas, vídeos, juegos, que para momentos puntuales son perfectos, pero no debe ser lo único.

Acostumbrar al joven solo al ocio y la diversión, sin dar paso al abu rrimiento, que es una emoción necesaria para que los adolescentes sepan aplicar la capacidad de espera, de tolerancia y frustración.

Situaciones que tendrán que afrontar en determinados momentos de su vida.

En una cena con amigos, en la que había un adolescente, su padre le dijo que guardara el móvil para comer. En ese momento el niño empezó a decir: *"Dame el móvil que me aburro, me aburro, me aburro..."*. No tenía la capacidad de comer e intentar escuchar o entrar en la conversación en las que intentaban que interviniera, hablando temas apropiados a su edad.

En este tipo de casos, siempre tienen que estar mirando las pantallas, incluso en un momento de ocio. Olvidan el hábito de charlar, tener una conversación de manera presencial entre personas. Se acostum bran a relacionarse mediante chats.

Si no se le enseña a tener hábitos de comportamiento como, por ejemplo, que en el momento de comer no se puede usar el móvil, el joven hará lo que hace habitualmente, a lo que está acostumbrado u observa de sus educadores, imitando su comportamiento.

Normalmente, al tener el niño un buen comportamiento, tranquilo, hace sus tareas y no tiene problemas en sus resultados académicos, no se tiene en cuenta la adicción que puede ir cogiendo. Pero a medida que pasan los años, es cuando la familia se da cuenta que no se lo pueden quitar, que están adictos a las pantallas.

Tener un buen uso de los dispositivos, se basa en tener un horario determinado para utilizarlos y controlar con frecuencia lo que ven. Observar que no les afecte en el comportamiento, que no altere sus conductas, no se ponga ansioso, agresivo o triste y que pueda hacer sus rutinas diarias con normalidad, sin el móvil al lado o conectados constantemente.

Hay que estar muy atentos a esos mínimos cambios de conductas por estar pendientes a las pantallas.

Que, si tiene que dejar el móvil, para hacer otra tarea, que actúe de forma coherente y con normalidad.

Que, si se queda sin batería, lo puedan enchufar cuando tengan la posibilidad, no crear actitudes anormales o incómodas. Que no les entre ansiedad por no tener batería.

Mirar el móvil si realmente suena, muchos miran continuamente el móvil de manera autómata, incluso sin que entren mensajes o llamadas. Lo miran una y otra vez, creo que, de forma inconsciente, les falta algo en sus manos.

Le pregunté a una alumna que miraba continuamente su mochila. *"¿Qué tienes en la mochila que estás constantemente girándote?".*

Y respondió: *"Es que parece que oía que me llaman o mandan un mensaje profesora".*

En el aula no se escuchaba nada, pero ella tenía su atención en el móvil o el sonido en su mente.

Es importante que cumplan con horarios en el uso de los dispositivos y, como para otras situaciones educativas de los adolescentes, ir ofreciéndole más tiempo de forma progresiva. Enseñarles a que ellos de manera consciente dominen el móvil y no al revés.

Además de que hagan vida social sin pantallas.

Actualmente, cuando ves a los padres discutir con los hijos, en la mayoría de los casos es debido a que no desconectan el móvil, el ordenador o apagar la televisión.

Discuten por no hacer sus rutinas diarias, hábitos o responsabilidades.

Hace unos años, recuerdo ver a los padres se enfadados si sus hijos pasaban mucho tiempo en la calle jugando con amigos y ahora se enfadan si no salen a jugar sin el móvil, hacer deporte, a relacionarse sin máquinas.

Como podemos ver es una nueva era. La era digital.

Pero no hay que dejar de atender los valores, principios, socializar, y eso solo lo transmite la parte humana, no los dispositivos.

Dependencia del móvil. Gestionar el autocontrol

En varios Centros Educativos en los que he impartido clases no se permite llevar el móvil, pero los alumnos lo intentan tener escondido en zonas donde creen que los docentes no lo ven. Debajo del estuche, bolsillos de pantalones, lleva un bolso para dispositivos móviles colgado, debajo de los abrigos o se sientan encima de ellos.

Un día de clase, le pregunté a un alumno que salió a la pizarra si le dolía el estómago porque ponía una de sus manos en él fuertemente, mientras escribía con la otra mano en la pizarra.

Me contestó: *"No profesora, no me duele. Es el móvil, que lo llevo colgando en mi cuerpo siempre"*.

La adicción al móvil se conoce como Nomofobia y es tener un miedo irracional a tener el móvil o smartphone sin batería o dejarlo atrás. En la actualidad existen adolescentes con nomofobia o comenzando a tenerla.

Te cuento otra de mis experiencias con una adolescente que no paraba de tener el móvil en la mano. Le dije: *"¿Por favor, puedes apagar y guardar el móvil?"*.

Ella me contestó: *"No profesora, me puede decir que salga del instituto, que llamará a mis padres, lo que quiera, pero no me quite el móvil"*.

Le pedí que lo guardara en su mochila y atendiera en la clase, como el resto de los compañeros, que actuaron de manera tranquila y aceptando las normas.

La alumna empezó a ponerse nerviosa y gritar que por favor no le quitase el móvil, lo abrazó contra su pecho y luego se sentó encima del dispositivo.

En ese momento le dije que se tranquilizara, para poder hablar con ella, desde la calma y poder solucionar la situación.

La alumna me comentaba que el móvil era como su amigo, se sentía acompañada, respetada por los demás, si estaba mirando el móvil nadie la molestaba. Que se sentía segura.

Esto es un caso de alerta por el comienzo tan grande de dependencia de estar conectados a la red.

Es otro concepto importante a tener en cuenta, ya que, actualmente existen terapias para este tipo de dependencias, con profesionales.

En otra ocasión, le dije a una alumna que saliera a la pizarra para corregir un ejercicio.

La alumna se levantó y me dijo: *"Un momento profesora, que el móvil se me cae del bolsillo del pantalón"*.

En ese momento, le dije que guardara su móvil en su mochila.

Y me pidió por favor que no le hiciera eso, que no podía dejar su móvil sin ella. Que lo tenía que cuidar. Que le podía pasar algo a su móvil.

Le pedí que por favor lo guardara, que no le pasaría nada al móvil. Se negó, dijo que entonces no saldría a la pizarra, pero su móvil no lo dejaba sin ella.

Este tipo de situaciones, poco naturales, exageradas, me pasan a diario en las aulas y son, entre otras, las que me han motivado a escribir este libro y hacerles llegar a todos los lectores del libro las situaciones en el aula, con el mal uso que le están dando los adolescentes.

Por todo ello, la importancia, de los padres en el momento que les regalan un dispositivo a sus hijos, es poner límites y normas de uso. Y los educadores colaboran en transmitirle ese mensaje, destacando tanto sus ventajas como desventajas.

El móvil no es nocivo, su uso las 24 horas del día sí.

Los adolescentes necesitan descansar para rendir en sus tareas vitales del día a día. El descanso es necesario.

Como sugerencia:

En estos casos, encontrar el momento adecuado para el diálogo. Hablar con tranquilidad desde la empatía al joven y argumentarle por qué sería conveniente el buen uso del dispositivo.

Capítulo 9:

Adolescentes con discapacidad y el uso de los dispositivos

"A nosotros, los adolescentes con discapacidad visual, nos interesa los dispositivos móviles para mejorar nuestra relación con el entorno del día a día".

Este argumento, me lo dio una joven con discapacidad visual. Me comentaba que, a ella, las redes sociales no les habían afectado en gran medida, debido a que valoraban más las relaciones físicas con sus amigos y familiares antes que a través de las redes. Para ellos, el sentirse cerca, poder tener contacto físico, es mejor que a través de la web, debido a que no todas las páginas web tienen una buena accesibilidad o directamente no la tienen.

Y ellos, necesitan esa accesibilidad para que le puedan describir lo que no pueden ver, como las imágenes o películas.

Además, agradecen los dispositivos y la conexión de Internet para muchas otras funciones, como poder saber el contenido de las noticias de diferentes periódicos que antes solo se ofrecían en papel, o el escuchar el audio descripción de una película y disfrutarla en familia... son acciones que hace años era impensable que pasaría.

Uno de los adolescentes comentaba que le gustaba escuchar los podcasts más que las redes sociales. Debido a que las redes, al ser la mayoría con imágenes, la descripción del lector le aburría y notaba que perdía mucho tiempo, por la baja calidad de este.

Utilizan asistentes virtuales, con los que pueden interactuar a través de altavoces inteligentes, que les permite saber la hora que es, poner o quitar música, qué clima hace cada día, poner alarmas..., entre otros servicios.

Los jóvenes con discapacidad visual también resaltan diferentes aplicaciones que les facilitan las rutinas diarias, comentan que gracias a los códigos QR pueden obtener información, entre ellos leer cartas, pero en la descripción de las imágenes, aún les queda mejorar.

También hacían referencia a las aplicaciones de mejora, para facilitar la autonomía integral de personas con discapacidad, como se está implantando en el Metro de Madrid. Y la aplicación de la accesibilidad de autobuses en varias Comunidades Autónomas del país.

Todo ello, mejora la independencia de los jóvenes, a través del acceso a las tecnologías e Internet.

Aunque he hecho hincapié en la discapacidad visual, los adolescentes con otro tipo de discapacidades, ya sea intelectual, física, auditiva, entre otras, en mayor o menor medida, se considera que han tenido un buen impacto para la mejora en el momento de estudiar sin desplazarse, socializar a través de las redes, acceder a juegos de entretenimiento, entre otras ventajas que nos ofrecen los dispositivos y la red a Internet.

Uno de mis alumnos de 3º de la ESO, con discapacidad auditiva, me comentó: *"Señorita, a través de las redes sociales me expreso con mayor seguridad. Hago amigos con mayor facilidad porque me muestro tal y como soy, y cuando le cuento a mis amigos de la red mi situación, a nadie le importaba porque le gustaba tal y como era".*

Este caso me llamó la atención, debido a que era un joven que tenía muchos amigos en el aula. Todos sus compañeros se comportan con él, igual que a los demás. Hacían salidas juntas, hacían los proyectos de tecnología en grupos, con sus amigos de clase, pero noté que él no lo tenía aceptado totalmente, a pesar de haber nacido con esa discapacidad.

Este tipo de inseguridades las tienen muchos de los adolescentes y considero que con el acceso a Internet donde ven hombres y mujeres perfectos, están fijándose en sus ídolos, que si son guapos o guapas, que se quieren parecer a unas personas u a otras... En todas estas situaciones su comparación e inseguridad en sí mismos es mayor.

Estar pendiente de lo que hacen o dicen, escuchar con atención estos pequeños comentarios sobre las redes sociales, es conocer cómo se siente el joven en ese momento.

Ir trabajando la seguridad y autoestima en los jóvenes es importante actualmente, como lo comenté en capítulos anteriores.

A pesar de toda la parte positiva que les ofrece la red a los jóvenes, no dejan de ser adolescentes, es por ello, que los padres deben poner las normas de uso necesarias y controlar las webs a las que acceden y a las que no.

Seguir el control parental y saber con quién se relaciona su hijo adolescente a través de la red.

En mi experiencia como docente, al no tener la oportunidad de formar a muchos alumnos con discapacidad visual, quise tener más información sobre el uso de los dispositivos en adolescentes con discapacidad visual y me puse en contacto con la Delegación Territorial de la ONCE en Canarias. Me atendieron muy amablemente, aportando todo su apoyo y ayuda desde el primer momento.

En esta ocasión, tuve la suerte de entrevistarme con Cecilio Marín, técnico en Tiflotecnología en la DT de Canarias, y Natalia Afonso Martín, jefa de Servicios Sociales, dos personas encantadoras, con las que pude vivir la situación actual de los adolescentes con discapacidad visual y cómo interactúan con la conexión a Internet.

Me comentaron los beneficios de la nueva era digital, aplicadas a sus vidas, pero reconocieron que queda bastante por hacer en cuanto a calidad, velocidad y que todas las páginas web tengan accesibilidad.

Aún existen determinados servicios, como compras de billetes de avión en determinadas páginas web de empresas privadas, en las que no tienen accesibilidad y tienes que pedir ayuda a un amigo o familiar para hacer una compra de billete de avión, por ejemplo.

Situación en la que no sienten la autonomía e independencia que, con todos los avances tecnológicos, deberían ser obligatorios en todas las webs.

Pero dijeron que en general les ha facilitado y mejorado la vida.

Para mí ha sido todo un placer que me ofrecieran sus experiencias y conocimientos con tanto cariño y valores. Demostrando que, para ellos, actualmente los dispositivos son una herramienta más, pero no lo primordial en sus vidas, ni en las relaciones humanas. Diría que ellos sí les dan un buen uso a los dispositivos, sin que les afecte a ejecutar el resto de las rutinas diarias.

Capítulo 10:

Acuerdo entre padres e hijos, para el buen uso del dispositivo móvil

En unas de mis lecturas de un periódico nacional español, leí una noticia donde mostraban la publicación en una red social por parte de la Policía Nacional española celebrando el día de Internet y proponiendo unas condiciones de uso, entre padres e hijos, antes de entregarles su primer móvil, para hacer un buen uso de este dispositivo.

En el momento de entregar un dispositivo a un menor, es importante comprometerse con lo acordado entre padres e hijos durante el tiempo de uso.

El periodo de seguimiento y normas de uso pueden tener una duración determinada, depende de la edad y madurez del joven.

Se pueden ir variando esos acuerdos o normas firmadas el primer día con respecto al desarrollo del adolescente. No es lo mismo ni tienen las mismas necesidades de uso de un dispositivo un menor de 8 años, 12 años o uno de 18 años.

En el aula, las propias actividades de tecnología y uso de programas informáticos se adaptan también al desarrollo y edad del alumno. Siempre orientado y guiado por un docente.

En cuanto a la orientación y seguimiento por parte de los padres sobre el tiempo de uso, lo ideal sería hasta su mayoría de edad y madurez como propiedad para conocer que le están dando un uso adecuado. Controlar los peligros de la red, las páginas web que visitan, el tiempo que aplican en las redes o juegos entre el uso de otras aplicaciones que puedan usar y no sean apropiadas a su edad. Pero actualmente, es complicado por el fácil acceso que existe.

Como ocurre con otras actividades cotidianas, sería efectivo ir de manera progresiva y, según su edad y madurez, cambiar las normas del acuerdo. Dejarles más tiempo, añadir o quitar algunas normas o negociación del principio. Todo depende del permiso de uso que los padres le quieran dar a sus hijos.

La mayoría de los padres me comentan que sí le hacen un seguimiento, pero durante un corto periodo de tiempo. Una vez que se continúa con las rutinas del día a día u otras actividades, el adulto no comprueba con tanta asiduidad si el menor cumple con las normas.

Ser consciente de ello, que por momentos pierden el control del uso de sus hijos con los dispositivos, es importante para volver a revisar el control parental y volver con el seguimiento.

Otra idea es que pongan el acuerdo en un lugar donde lo puedan ver cada día y repasar cada cierto tiempo o dirigirse a él, si alguna de las dos partes no lo cumple.

Al final del libro se añade un Anexo donde vemos el acuerdo recomendado por la Policía Nacional Española, a la que agradezco el apoyo recibido y su actuación, con charlas y talleres diarios en los Centro de Educación.

¿Y si mi hijo ya tiene móvil? ¿Cómo le pongo ahora las normas?

La manera de transmitirles la información es poniendo en práctica el diálogo, desde la tranquilidad, argumentando los motivos de las normas a cumplir.

Varias familias me han comentado que cuando sus hijos tienen un mal comportamiento o malos resultados en sus estudios, les argumenta que por sus resultados en clase, tendrán que entregarle el móvil a su padre o madre, y cuando ellos vean nuevos resultados, se lo devolverán con un horario para que no vuelva a suceder lo mismo.

Si el adolescente quiere usar el dispositivo, deben entenderse ambas partes, los padres y el hijo. Estar de acuerdo con las normas acordadas y que el adolescente entienda lo sucedido.

Los menores de edad deben entender por qué se les pone límites, dándoles una explicación, a ellos no les vale el SÍ o el NO, necesitan entender el motivo.

Lo comento porque en una de las ocasiones en las que entraba al centro educativo, pude ver como una madre y su hija se gritaban mutuamente.

La madre le intentaba quitar el móvil a su hija de las manos.

La madre le decía: *"¡Dame el móvil!"*

Y la joven le preguntaba: *"¿Por qué?"*

La madre respondía: *"¡¡¡Porque SÍ!!!"*.

Y se repetía una y otra vez la misma escena.

"¿Por Qué?".

"¡¡¡¡Porque SÍ!!!!".

"¿Por qué?".

"¡¡¡¡Porque SÍ!!!!".

Quizás si la madre escuchara y entendiera que su hija le estaba pidiendo una explicación, con el acuerdo que tienen para el uso del móvil, la madre hubiese conseguido su objetivo, y la joven le entregaría el móvil de una manera más tranquila.

Si aún no le has comprado un móvil personal a tu hijo:

- Es conveniente poner un horario y unas normas de uso. Que ambas partes lo entiendan y estén conformes.

- Que el resto de los familiares que forman para de la educación del niño cumplan las normas propuestas por los padres.

- Desde mi experiencia en el aula, las primeras normas en el uso de los dispositivos lo suelen aceptar por el interés en utilizarlos.

Si el adolescente lleva tiempo con su móvil:

- Restringir el uso es complicado, debido a que ya tienen el hábito de usarlo cuándo y como quieran. Además, es el medio de relacionarse con sus amigos que es lo primordial en esa etapa de su vida.

- Hacerlo desde el diálogo, que entiendan que es para mejorar sus vidas. Poner nuevas normas, de manera paulatina, para que el adolescente no se ponga en contra de sus padres y la comunicación sea poco efectiva.

- Desde mi experiencia en el aula, lo que le permito en las primeras clases de Tecnología, en la forma de uso de los dispositivos, luego es complicado variarle la norma. Pero desde la explicación, diálogo y el motivo que se hace, suele entenderlo mejor.

Capítulo 11:

¿Les compro videojuegos?

"Mi hijo es un experto en los videojuegos, por eso suspende"

Con esa frase me argumentó un padre, por qué su hijo había suspendido. El padre me dijo que cuando le regalaron unos videojuegos, al principio jugaba unas horas y seguía haciendo sus hábitos diarios.

Tenía buen rendimiento escolar, iba a sus clases extraescolares, salía con sus amigos, pero durante el confinamiento empezó a jugar cada vez más.

Me decía: *"Papá, es la única manera que tengo de jugar con mis amigos. No podemos salir a la calle. Competimos con los juegos online entre amigos".*

Y claro, yo lo dejé. Lo veía tranquilo, que se reía, se entretenía, y consideraba que era bueno para él por estar tantas horas en casa confinado.

Pero, una vez finalizado el confinamiento, no quiere salir a la calle con sus amigos, no quiere volver a sus rutinas anteriores.

Ahora me dice: *"Papá, quiero ser GAMER"*.

Y yo le respondí: *"¿El qué?"*

"GAMER, jugador profesional de videojuegos", me explicó.

No es la primera vez que oigo este deseo profesional por parte de mis alumnos, que quieren competir en torneos y ganar mucho dinero.

Pertenecer a un equipo de juegos online y jugar.

Esa es una de las nuevas profesiones que ha llegado con la tecnología y no significa que sea ni bueno ni malo, es una profesión más, pero lo más favorable para ellos, siendo aún menores de edad, es que le dediquen el tiempo adecuado. Lo recomendable suele ser menos de una hora al día, dependiendo siempre de la edad, necesidades u obligaciones de cada joven.

Cuando me refiero a saludable es:

- Comer en la cocina o comedor y no en el escritorio delante del ordenador.

- Tener conversaciones con sus familiares y amigos de manera presencial, no solo online.

- Que la mente piense en otra cosa, que no sea el juego.

- Tener higiene personal.

- Evitar el sedentarismo, tanto tiempo sentado.

- Pasar mucho tiempo delante de la pantalla con diferentes colores que hace que permanezca constantemente estimulado y en tensión para tener una buena partida en el juego.

- Evitar la ansiedad o depresión, si después de tantas horas dedicadas al juego no consigue su objetivo.

A los padres les da miedo o preocupa comprar videojuegos a sus hijos y no tiene por qué ser así. Los videojuegos son como otro juego que están destinados para entretener o pasar un momento de ocio, estimulante para los jóvenes, que obtienes nuevas destrezas, donde puedes hacer cosas reales en el mundo virtual. Cómo obtener nuevas habilidades con juegos educativos, carreras de coches, construir ciudades, jugar fútbol como un profesional, entre otros.

Además, te permite jugar de manera individual o en grupo con amigos de forma presencial o virtual.

Conoces a gente de otras partes del mundo, donde puedes conectar con ellos a través de los videojuegos que ofrecen por Internet.

Es una actividad donde pueden compartir padres e hijos, un momento para conectar aficiones con el hijo o hijos adolescentes.

Se pueden divertir juntos, vivir momentos agradables y divertidos.

Otra de las experiencias que tuve fue con una niña de 1º de la ESO a la que le costaba socializar y hacer amigos en su nueva clase. Era muy tímida y pasaba la mayoría de los recreos sola en el patio. La niña se lo contó a su madre y esta, junto con la tutora de la clase, decidieron que llevara un videojuego para el horario del recreo y observar si así le ayudaba a socializar mejor y perder la timidez.

La niña eligió su juego preferido, era un dispositivo digital educativo, en el que tenían que seleccionar imágenes divertidas aptas para preadolescentes.

Al ser un juego tan novedoso, muchos de sus compañeros se acercaron a ella en el recreo para ver lo que tenía entre las manos. Ese día la joven llegó muy feliz a la casa porque había conseguido hablar y hacer nuevos amigos. Y durante unos días, no se iba a dormir sin cargar su videojuego y llevarlo al instituto con ilusión, para poder jugar en el patio con sus nuevos amigos.

En esta ocasión, un dispositivo adaptado para la edad de preadolescentes o adolescentes, concretando un tiempo determinado de uso y controlado por el adulto, puede servir para aprender, como juegos de plataformas educativas, siendo esta una dinámica positiva.

¿Qué juego compro para mi hijo?

Informarse en el momento de comprar el juego, preguntar al profesional, para qué edad es adecuado, qué temática tiene, si es de guerras, de aventuras, de deportes, entre otras dudas que pueda tener.

Además, existen los juegos en líneas gratuitos que se pueden descargar.

Observar cuando se descargan juegos si son agresivos, violentos o juegos que no corresponden a su edad.

La parte positiva es que todos los adolescentes pueden jugar delante del dispositivo y hacer amigos. Además, son juegos muy integradores. Para todos aquellos niños que poseen algún tipo de discapacidad o son niños con dificultades de socializar, o físicas que les impida jugar a otros juegos físicos y que no sean virtuales, se pueden sentir integrados.

Con este tipo de juegos la mayoría de los adolescentes se sienten integrados al grupo.

Tener en cuenta que los niños, al ser un mundo virtual, a veces fantasean con los personajes o lo que pueden llegar a hacer si fueran ellos, por eso la importancia de que estén poco tiempo, evitar los juegos agresivos. La idea es tener un tiempo de ocio y buena salud mental.

Uno de los días de prácticas de Tecnología me dirigí al taller con los alumnos de 3º de la ESO.

En el taller de Tecnología tenemos diferentes herramientas para la creación de objetos y proyectos tecnológicos. Una vez finalizada la clase, se recoge para la próxima sesión. Es por ello que tenemos cepillos de barrer y recogedores.

Ese día, abrí el taller y un alumno se acercó al cepillo, se puso al final de la clase y simuló que el cepillo era una metralleta y empezó a actuar como si fuese un guerrero y nos disparó a todos los compañeros de clase y a mí.

Rápidamente le pregunté: *"¿Qué estás haciendo? Deja el cepillo de barrer en el suelo en su sitio por favor"*.

Y me contestó: *"Señorita, soy como el guerrero del videojuego. Estoy en combate"*.

Le comenté que esa no era actitud para estar en clase y finalmente se descubrió que el alumno estaba obsesionado con el juego. No pensaba en otra cosa.

Otros casos que me han llamado la atención es la obsesión con los juegos on line del azar, cada vez hay más adolescentes que quieren ser millonarios.

Fantasean con que en un futuro con una partida ganarán mucho dinero.

Como idea para los padres:

- Tener el control parental.

- Comprar juegos con conciencia. Saber lo que están comprando o a lo que están jugando sus hijos con las descargas de juegos online.

- Controlar el tiempo de uso.

Capítulo 12:

Formación en Competencias Digitales

La educación actual integra las Competencias Digitales en la formación de nuestros jóvenes. La finalidad es que estén formados digitalmente y cada vez más preparados para las demandas profesiones del presente y el futuro.

Están presentes la demanda de Analistas de Datos, Robótica, Marketing Digital, E- Commerce, Programadores, Inteligencia Artificial, entre otras.

Todo este tipo de formación se está integrando cada vez más en nuestros centros educativos, para ofrecerles a nuestros alumnos una verdadera formación para su futuro.

Muchos padres me comentan: *"Mi hijo necesita un móvil para que esté preparado profesionalmente y no sea menos que otros jóvenes".*

Pero no se dan cuenta de que el uso que le dan al móvil, en un 90% es de ocio. Redes sociales, juegos, hacer vídeos o fotos, pero no educativos para su futuro profesional.

Cada día lo vivo en las aulas, cuando hacemos una tarea sencilla como:

- Enviar un correo.

- Guardar un documento en una carpeta.

- Hacer un documento de ofimática.

- Escribir en un procesador de textos.

La mayoría del alumnado me dicen que no saben, que recuerdan algo de otros años, pero realmente no saben de lo que les estoy hablando o lo que tienen que hacer. Debido a que la mayor parte del uso de los dispositivos es para el ocio y entretenimiento.

Las competencias digitales para los ciudadanos en Europa

Hablamos de DigComp, se presenta en el Marco Europeo como herramienta para las mejoras de las competencias digitales en los ciudadanos.

Esta formación para el futuro de los jóvenes y presente de los adultos, es la formación demandada por las empresas.

En el momento de encontrar un empleo a nuestros estudiantes le pedirán qué nivel tiene en Competencias Digitales.

Existe formación en cinco áreas distintas y seis niveles, que se mostrarán a continuación.

Con ellas se proporciona que el ciudadano obtenga las habilidades, conocimientos y actitudes digitales en diferentes áreas, que presentamos a continuación:

LAS COMPETENCIAS

En cada una de ellas se encuentran todas las competencias de las áreas anteriormente nombradas.

Los seis niveles competenciales son:

- A1 Nivel básico

- A2 Nivel básico

- B1 Nivel intermedio

- B2 Nivel intermedio

- C1 Nivel avanzado

- C2 Nivel avanzado

Para una mejor comprensión, yo se las suelo explicar a los alumnos que lo necesitarán como los Certificados de Idiomas que se solicitan para trabajar.

Qué nivel de formación tienen en inglés, francés o alemán. Lo mismo ocurre actualmente con las Competencias Digitales.

Con toda esta información, le quiero hacer llegar a los padres la actual demanda de educación y formación en Competencias Digitales básicas para el futuro profesional de sus hijos.

Anexo

Acuerdo padres – hijos por @policia

Entre _____ y sus padres por un buen uso del móvil, tablet y ordenador Esta es una propuesta del Grupo de Redes Sociales de la Policía Nacional para que padres de hijos menores de 13 años fijen con ellos por escrito unas normas de buen (seguro, privado, respetuoso) uso de su móvil, tablet, ordenador o dispositivo conectado a Internet, a pactar entre todos cuando se vaya a comprar o estrenar un nuevo gadget para el chico/a.

ESTAS NORMAS, PACTADAS DE COMÚN ACUERDO, SE RELAJARÁN O CANCELARÁN CON MAYOR EDAD.

1. Los padres y el menor harán la compra conjuntamente, de forma racional, evitarán ser víctimas del fraude ni comprar posible material robado. Guardarán la garantía, factura del móvil o aparato electrónico a comprar y cualquier dato de interés (como el PUK o IMEI), así como los accesorios que incluya, por si luego hicieran falta.

2. _____ empezará a usar el nuevo terminal con alguno de los padres y lo configurarán conjuntamente, además de hacer la

instalación de apps y/o programas o juegos, tratando de tener las que se vayan a usar o pueden ser útiles, no más. Ambas partes conocerán qué utilidades y riesgos tienen cada una, para así evitar sorpresas.

3. Si el nuevo propietario del gadget es aún pequeño, se instalarán filtros parentales, de común acuerdo. En cualquier caso, instalará antivirus... y siempre se tendrá cuidado al abrir links extraños o instalar programas o archivos de fuentes no fiables, para evitar que le cuelen malware. Padres y el nuevo usuario instalarán apps rastreadoras de móvil y Tablet y que permitan gestionar y recuperar su contenido en caso de extravío; parches, tiritas o mero celo para tapar la webcam y así prevenir el uso ajeno de la webcam en ordenadores y portátiles...

4. _____ se compromete ante sus padres desde un principio a usar el móvil cumpliendo siempre las normas legales y las normas del centro escolar (si lo permite), así como de cualquier otro recinto o entidad que las marque en su tiempo libre.

5. El nuevo usuario se compromete a cumplir desde el principio unas normas de uso responsable, inteligente y respetuoso/educado hacia los demás en casa. El nuevo usuario demostrará que es lo suficientemente mayor como para respetar el horario, espacios y momentos en los que se puede utilizar el nuevo aparato (posible acceso a él en la mesa o no, ruidos en espacios comunes, distracción con él en ocasiones especiales escolares o familiares, normas de educación y saber estar...).

6. El nuevo usuario asume que, hasta que no sea un poco más mayor, sus padres o mayores de confianza conocerán siempre los códigos de

acceso y contraseñas de su nuevo gadget y de mail, páginas, juegos, fotos y vídeos, apps... para su posible supervisión en seguridad, privacidad e imagen adecuada y respetuosa del contenido y acciones que este realiza. Además, el nuevo usuario de gadgets y ordenadores los utilizará en espacios comunes o fácilmente accesibles a los adultos.

7. Los padres se comprometen a no leer o supervisar más que la estricta comprobación, respetar la intimidad del nuevo usuario con sus amigos REALES y entender que tiene su propio espacio para hablar de sus temas con sus contactos, siempre que se respeten las normas y a los demás.

8. El nuevo usuario y sus padres entenderán que este acompañamiento y control inicial se irá relajando según este vaya creciendo y mostrando su responsabilidad y prudencia en el buen uso de la tecnología e Internet. A cada edad le corresponde una seguridad

9. Las redes sociales (Facebook, Twitter, Instagram...), como otras plataformas online, tienen marcadas una edad mínima (13 o 14) por algo: o esperas a tenerla... o deberías compartir ese perfil con alguno de tus padres...

10. En sus relaciones online (redes sociales, webs, foros, juegos en Red...), el nuevo usuario no agregará a nadie que no conozcas en tu vida real... Desconfiará de todo lo que le cuenten y evitará facilitar datos personales a cualquiera.

11. En caso de tener problemas, dudas o ser acosado por cualquiera a través de Internet, el usuario se lo dirá a sus padres, para buscar una

solución a la situación. Si fuera en el ámbito escolar, se hablará con los responsables docentes. Y si fuera una situación grave, los padres podrán consultarlo o denunciarlo ante la Policía.

12. El nuevo usuario del móvil se compromete a no tomar ni compartir ninguna foto íntima o que a sus familiares no le fuera a parecer apropiada... En caso de que le llegue alguna ofensiva o dañina para alguien, la borrará y exigirá que no se reenvíe.

13. El nuevo usuario dejará por las noches cargando el móvil, tablet y demás aparatos en una zona común de la casa y no se los llevará a la cama.

14. El nuevo usuario se compromete a no utilizar Internet o móvil para acosar, humillar, ofender o molestar a ningún compañero de clase, vecino o conocido. Y no será cómplice de esas acciones de ciberacoso, ni por reenviar ni con su silencio: pedirá a sus contactos ese mismo respeto para todos.

15. El nuevo usuario evitará compartir material ofensivo, contra la intimidad o inapropiado en los grupos de whatsapp: si es mayor para usarlo, también para respetar a la gente.

16. El nuevo usuario conocerá cómo funciona, qué riesgos y qué condiciones de uso tiene cada app, juego, programa y posibles costes añadidos, para evitar sorpresas".

17. El nuevo usuario ha leído detenidamente este manual de uso/acuerdo con los padres y entiende todas las responsabilidades

que conlleva, no solo las ventajas. Al firmarlo, las asume y se compromete a cumplirlas.

18. El nuevo usuario atenderá SIEMPRE las llamadas de sus padres para saber que está bien.

19. El nuevo usuario será el que domine la tecnología Y NO AL REVÉS: evitará adicciones y la conexión permanente o adictiva a un chat, foro, juego... ¡Conéctate a la vida real!

20. La utilidad, respeto y uso inteligente, legal, responsable, seguro, privado y racional de la tecnología priorizará cualquier decisión respecto al nuevo gadget

¡DISFRÚTALO!

Firmado: El padre, la madre o ambos   El/la nuevo/a usuario/a

Agradecimientos

Agradezco a mis padres y hermana, por apoyarme en la creación de este libro desde el primer momento que me surgió la idea de escribirlo.

Quisiera agradecer también a mis amigos, que han seguido con entusiasmo el desarrollo de mi libro.

A mis alumnos, por seguir aprendiendo con ellos nuevas experiencias cada día en el mundo de las tecnologías.

Agradezco a Ana Nieto y su equipo, por acompañarme con tanta profesionalidad, ilusión y cariño, durante toda la trayectoria del libro.

Le agradezco la ayuda a Elena Rodríguez Martín, Policía Nacional de la Comisaría de Santa Cruz de Tenerife.

A la Unidad de Participación Ciudadana de la Comisaría de Maspalomas.

A Cecilio Marín, técnico en Tiflotecnología en la DT de Canarias y Natalia Afonso Martín jefa de Servicios Sociales, por la atención y apoyo recibido.

Printed in Great Britain
by Amazon

27776604R00061